La Galatie

La Galatie :
L'histoire des Gaulois en Asie Mineure

Charles Texier - Ed. Le Mono

© Editions Le Mono, 2016
www.editionslemono.com

ISBN : 978-2-36659-171-2
EAN : 9782366591712

La Galatie, une région historique de l'Asie mineure, est aujourd'hui connue grâce à l'épître de Saint Paul adressée aux premiers chrétiens de ce territoire. Il s'agit d'une lettre écrite au premier siècle de notre ère qu'on retrouve dans le Nouveau Testament sous le titre de « *Epître aux Galates* ».

Cette région dont le nom est issu du Gaulois, était un vaste territoire limité à l'est par la Cappadoce, au sud par la Pamphilie, à l'ouest par la grande Phrygie, et au nord par le Pont-Euxin.

Les premiers Gaulois qui s'y établirent étaient désignés sous les noms de *Tectosages*, *Tolistobogiens*, *Votures*, ou d'*Ambians*. Ils constituent le premier maillon de l'histoire des relations de la France avec l'orient.

I

Quand on compare les moyens d'action dont les anciens pouvaient disposer et les immenses ressources qui sont en notre pouvoir pour aller fonder au loin des établissements coloniaux, on est frappé d'un singulier contraste. Les colonies anciennes, jetées sur des plages inconnues et lointaines, n'ayant aucun secours régulier à espérer des métropoles, finirent presque toutes par prospérer, et nous, malgré tous les soins, les dépenses et la sollicitude possibles, nous voyons languir nos colonies, leur accroissement et même leur existence constamment mis en question. Faut-il donc en conclure que quelque cause majeure amortit chez nous cette vigueur militante qui portait les Gaulois, les Grecs et les Romains, à épancher la fleur de leur population sur toute la surface de la terre habitée ? L'histoire de ces grands flux et reflux d'hommes, de ces oscillations de peuples qui se sont répandus d'Asie en Europe et d'Europe en Asie, forme un merveilleux épisode de cette grande épopée qui a précédé l'âge moderne : histoire pleine d'intérêt, car elle est pleine d'enseignements ; histoire difficile et morcelée par des lacunes irréparables, dont la philologie et l'ethnographie cherchent à rejoindre les lambeaux, et dans laquelle la patiente Allemagne a déjà apporté le tribut de ses lumières.

Pour nous, nous ne devons pas nous rappeler, sans un sentiment d'orgueil national, que les Gaulois ont pénétré jusqu'au centre de l'Asie mineure, s'y sont établis, et ont laissé dans ce pays des souvenirs impérissables. Si le nom de la France est le terme général sous lequel les Orientaux désignent les habitants de l'Europe, c'est que nos ancêtres ont influé d'une manière notable sur les destinées de l'Orient dès les premiers siècles de notre histoire. Cette influence, confondue avec celles des Romains, quand la Gaule elle-même fut réunie à leur empire, s'est relevée puissante et active, lorsque l'empire romain s'est écroulé ; les Latins ont renouvelé en Orient les exploits des Gaulois. C'est la France qui conduisait et poussait les essaims de croisés à travers les monts et les plaines de l'Asie, et, dans les temps modernes, c'est sous l'égide de François Ier et de Louix XIV que les nations chrétiennes commencèrent à commercer sans crainte avec les nouveaux vainqueurs de l'empire byzantin.

Une histoire des relations de la France avec l'Orient est encore à faire : c'est une lacune qu'il serait facile de combler. Les archives des chancelleries dans le Levant, et celles du ministère des affaires étrangères, offriraient des matériaux précieux. Celui qui voudrait se livrer à ces recherches ferait un livre vraiment national. Il prouverait qu'à toutes les époques la France a toujours été guidée par les plus nobles motifs, et que bien souvent elle a sacrifié ses propres intérêts à ceux de l'humanité et de la civilisation. C'est elle qui la première a fondé ces compagnies commerciales dont les Anglais ont compris tous les avantages. Sous Louis XIV, il y avait une compagnie du Levant, une compagnie d'Afrique, qui existait déjà depuis près d'un siècle, et une compagnie des Indes. D'où vient que tant de bonnes institutions, qui ont prospéré en d'autres mains d'une manière miraculeuse, ont été si stériles entre les nôtres ? Il y a là un secret qui serait sans doute dévoilé par une étude approfondie des documents qui doivent encore subsister, et dont nous pourrions profiter par la suite, dans l'intérêt de notre influence et de notre commerce en Orient.

L'invasion des Gaulois en Asie mineure, leur établissement dans les provinces qui prirent le nom de Galatie, forme le point de départ de l'histoire des relations de la France avec l'Orient. Il n'est donc pas sans intérêt de rechercher sur quelles bases s'est constitué l'empire des Gaulois en Asie, et d'examiner comment ils sont parvenus à s'établir au milieu de royaumes qui, à cette époque, étaient à l'apogée de leur puissance. Cette fusion si prompte et si facile des conquérants européens avec les peuples asiatiques n'est pas un des phénomènes les moins curieux de cette brillante expédition. Tous les princes décorés des titres pompeux de rois de Pergame, de Pont et de Bithynie, s'empressèrent de concéder à nos barbares ancêtres autant de terres qu'ils en voulaient pour former cette république des Galates que la puissance de Rome se garda bien d'anéantir, mais qu'elle respecta plus que l'héritage d'Alexandre. Si, en remontant au-delà de vingt siècles, nous voyons déjà les peuples gaulois parcourir en vainqueurs l'Europe et l'Asie, ne désespérons pas de trouver à notre tour la constance et l'énergie nécessaires pour fonder au loin des établissements durables. Il est vrai que les anciens avaient par devers eux un élément qui se trouve aujourd'hui complètement modifié. Ces peuples si fiers de leur liberté ont toujours vécu soumis au plus inexorable despote, tyran jaloux que la gloire et les services rendus trouvaient insensible quand son intérêt avait parlé.

Chez les anciens, la cité était toute-puissante, l'individu n'était rien. Quand la ville avait commandé, la famille comme le citoyen devaient s'incliner et obéir. Si l'état social moderne, en affranchissant le simple citoyen du joug immédiat de la cité, en lui donnant une volonté d'action que ne possédaient pas les individus dans la civilisation antique ; si l'indépendance personnelle et l'amour du foyer retiennent les populations groupées autour du clocher communal et ôtent toute chance de succès à un autre Brennus qui voudrait entraîner de nouvelles tribus vers les pays lointains, il faut pourtant dans ce contre-courant qui reporte l'Europe vers le contrées asiatiques, que la France trouve aussi à se creuser un lit ; il faut bien que tant d'hommes d'Orient qui élèvent à elle des cœurs confondus dans la même croyance, finissent par ressentir les bienfaits de sa protection, le jour où l'empire d'Orient, tombant comme un fruit trop mûr d'une tige desséchée, laissera se répandre au loin les germes de prospérité et de civilisation qu'il renferme encore dans son sein.

N'est-ce pas la destinée irrévocable de l'Asie mineure d'être toujours peuplée par des habitons venus des pays voisins ? A aucune époque, les peuples de la presqu'île occidentale d'Asie n'ont réclamé le titre d'autochtones. Il résulte de l'examen des auteurs qui ont traité de la géographie et de l'histoire ancienne de cette contrée, que le plateau central et même tout le territoire situé à l'ouest du fleuve Halys a été peuplé par les tribus venues d'Europe, tandis que le nom de Leuco-Syrie, donné par les Grecs aux provinces de Cappadoce et de Pont, indique suffisamment que ces contrées furent envahies par une migration des peuples araméens.

Quand on examine le système géographique et géologique de la presqu'île asiatique, on comprend comment les populations ont dû s'étendre dans les contrées environnantes, avant de former des établissements en Asie mineure ; car, à une époque relativement récente, à une époque assez rapprochée des temps historiques, le travail des atterrissements formés par les fleuves nombreux qui sillonnent les vallées, et les phénomènes volcaniques puissants et terribles, rendirent cette contrée presque inhabitable. Nous voyons encore, pendant une longue suite de siècles, les villes de l'Asie mineure exposées aux ravages des tremblements de terre, et les habitants lutter de patience et de courage contre une nature rebelle qui leur offre, en échange de dangers constants, un sol admirable de fécondité, une terre vierge qui paie avec usure les travaux des premiers colons. Nous ne devons donc pas nous étonner si, malgré son voisinage de l'Orient et sa proximité du grand foyer de population qui s'est épanché sur les contrées occidentales, l'Asie mineure est presque déserte et seulement parcourue par quelques peuplades errantes à une époque où la Thrace et les rives septentrionales du Pont-Euxin ont déjà une population surabondante.

C'est longtemps après que les Traces eurent formé un état constitué, que les Bryges vinrent, sous la conduite d'un chef du nom de Midas, s'établir dans les provinces centrales de l'Asie mineure. Quoique l'époque de cette migration ne soit pas rigoureusement déterminée, on a des raisons suffisantes de croire qu'elle s'effectua avant la guerre de Troie, car Homère nous apprend que Priam joignit à ses troupes des Phrygiens qui habitaient les bords du Sangarius. Le royaume de Phrygie était même déjà constitué avant cette guerre ; en effet, Ilus, le fondateur d'Ilion, déclare la guerre à Tantale qui régnait dans le mont Sipylus, et les fils de Tantale, les Pélopides, sont chassés d'Asie et obligés d'aller demander un asile aux Héllènes dans la contrée qui prit depuis le nom de Péloponnèse. En dépouillant cette époque les circonstances fabuleuses qui en rendent l'intelligence assez obscure, en examinant les monuments qui subsistent encore et dont l'identité nous est attestée par Strabon, Pline et Pausanias, il est clair pour nous que les ancêtres d'Agamemnon régnaient en Phryie longtemps avant, que les peuples de la Grèce fussent formés en états réguliers.

Jamais les fils de Pélops n'abandonnèrent leurs droits sur les provinces asiatiques, et, lorsque les Grecs se ruèrent sur l'empire de Priam, ils venaient bien moins pour venger l'injure faite à Ménélas que pour reprendre un patrimoine inaliénable. Aussi, après la ruine de la ville phrygienne, voyons-nous les fils d'Agamemnon ramener des colonies dans le pays de leurs ancêtres, et jeter les fondements des principales villes de l'Eolide.

Pendant que les Phrygiens s'étendaient dans l'intérieur de la contrée, d'autres peuples thraces vinrent s'établir sur les côtes de la Propontide ; et, pour se distinguer de leurs compatriotes qui les avaient précédés, ils prirent le nom des lieux sauvages où ils campèrent au moment, de leur arrivée au milieu des forêts de hêtres de l'Olympe. Ils furent, appelés Mysiens parce que *mysos* signifie un hêtre dans leur langue. Cependant les historiens grecs les nommèrent toujours Thraces de Bithynie, et Hérodote nous apprend que ces tribus vinrent des bords du Strymon pour s'établir dans les contrées fertiles auxquelles elles ont donné leur nom.

Tous ces petits royaumes formés par des peuples venus d'Occident, furent à peine constitués, que la grande invasion des Perses vint leur porter une rude atteinte. L'Asie mineure devait être le champ-clos où se livrait la grande lutte entre l'Orient et l'Occident que la valeur des Grecs termina à l'avantage de l'Europe.

Les conquêtes d'Alexandre repoussèrent les Perses au-delà de l'Euphrate, tous les royaumes de l'Asie mineure furent occupés militairement par des lieutenants de ce prince ; mais, à sa mort, Botiris, chef thrace, s'empara d'Astacus, ville de la Propontide, chassa Calanthus, commandant les forces macédoniennes dans la contrée, et établit une principauté indépendante qu'il transmit, par ses descendants, jusqu'à Nicomède, qui, après la mort de Lysimaque, prit le titre de roi de Bithynie.

Ainsi lorsque les Gaulois arrivèrent en Asie, ils se trouvèrent en rapport avec des peuples étrangers comme eux, et comme eux venus d'Europe : les Grecs, les Phrygiens, les Mysiens et les Bithyniens.

A peine Nicomède fut-il monté sur le trône, qu'il se trouva menacé par Zipoetès, un de ses frères, chef d'un parti puissant et gouverneur d'une portion de la Bithynie, qui voulait régner sans partage. C'est alors que le nom des Galates commençait à se répandre en Orient ; les exploits des tribus guerrières qui, sous la conduite de Brennus, avaient ravagé la Grèce et parcouraient la Thrace en rançonnant les villes, portaient la terreur au milieu des populations. En abandonnant la Grèce après la mort de Brennus, les Gaulois se séparèrent en deux corps ; l'un resta dans la Dardanie, l'autre traversa, les armes à la main, la Thessalie et la Macédoine, vivant de pillage et de contributions levées sur les habitants. Ce dernier corps, fort de vingt mille hommes, reconnaissant pour chefs Léonorius et Léontarius, arriva jusqu'à Bysance, rendit tributaire toute la côte de la Propontide, et, devenu maître de Lysimachie, dont il s'était emparé par surprise, il s'établit dans la Chersonèse et descendit l'Hellespont. La vue des riches campagnes de l'Asie, dont ils n'étaient séparés que par un détroit, donna à ces Gaulois le désir d'y former un établissement. Ils députèrent quelques-uns des leurs vers Antipater, qui commandait sur cette côte. Le bruit de leurs exploits les précédait en Asie, et Antipater, n'osant pas leur résister ouvertement, suscita de continuelles difficultés pour gagner du temps. C'est à cette époque qu'il faut rapporter la tentative que firent les Gaulois pour s'emparer de la Troade ; mais cette province avait été tellement ravagée par la guerre, qu'ils ne trouvèrent pas une place susceptible d'être mise en état de défense. La ville d'Alexandria-Troas n'était alors qu'un bourg avec un temple de Minerve ; elle dut son accroissement aux bienfaits d'Hérode Atticus. Lorsque les Gaulois arrivèrent, ils trouvèrent cette ville sans murailles et ne voulurent pas s'y établir.

Les négociations entamées avec Antipater ne recevant aucune solution, les tribus commandées par Léontarius s'emparèrent de quelques barques et passèrent en Bithynie. C'était au moment où Nicomède s'apprêtait à faire la guerre à son frère Zipoetès. Le roi de Bithynie les reçut plutôt comme des alliés que comme des ennemis, heureux de pouvoir compter sur le secours d'étrangers dont la valeur faisait trembler des peuples amollis et habitués au joug. Nicomède appela en Bithynie le corps des Gaulois de Léonorius qui était resté près de Bysance, et, fort de ces auxiliaires, il eut bientôt réduit les rebelles.

Le traité signé entre Nicomède et les Gaulois nous a été conservé par Photius. Les Gaulois devaient demeurer toujours unis par les liens de l'amitié avec Nicomède et sa postérité. Il leur était interdit de faire des alliances sans le consentement de Nicomède, mais ils devaient rester les amis de ses amis et les ennemis de ses ennemis. Ils devaient donner des secours aux Byzantins toutes les fois qu'ils en seraient requis, etc. C'est à ces conditions que le roi leur ouvrit l'entrée de ses états et fournit des armes à ceux qui en manquaient.

Dans le principe, le corps des Gaulois venus en Asie se composait de trois tribus principales : tes Tolistoboiens, l'une des plus puissantes tribus gauloises, qui fondèrent des établissements dans la Germanie, dans l'Italie et dans l'Illyrie. Les Boiens, souche de cette tribu, habitaient la Lyonnaiss et l'Aquitaine ; leurs premières migrations remontent à plus de 500 ans avant Jésus-Christ. Le second corps, celui des Tectosages, qui devint le plus puissant des trois peuples établis en Asie, faisait partie des Volces de la Narbonnaise. Il est à croire qu'ils furent souvent les compagnons des Boiens dans leurs expéditions lointaines, car César nous apprend qu'ils avaient aussi formé des établissements en Germanie. Cette tribu était la plus nombreuse et la plus illustre, et les Romains la comblèrent de témoignages d'estime quand ils furent maîtres de toute l'Asie mineure. Le troisième corps, celui des Trocmiens, avait formé son nom de celui de son chef Trocmus. Il parait avoir toujours été dominé par les Tectosages, et n'a pas laissé dans l'histoire le souvenir de grands exploits.

Le pays concédé par le roi de Bithynie à ces hardis guerriers ne pouvait suffire à leur ambition. Ils entreprirent bientôt des expéditions contre leurs voisins, qui tremblèrent et offrirent de leur payer tribut. Ils étaient entrés dans ces provinces comme les alliés d'un prince asiatique, et, tout barbares et illettrés qu'ils fussent, leur politique fut assez sage, assez habile pour attirer à eux tous les Grecs, les Phrygiens, délicats et frivoles habitants de ces villes somptueuses. Ceux-ci acceptèrent la rude amitié des Gaulois, et formèrent avec eux une alliance assez intime pour que le pays reçût des Romains eux-mêmes le nom de Gallo-Grèce, Toutes les nations de l'Asie mineure, menacées de loin ou attaquées de près, se soumirent à la domination gauloise, et l'Asie en-deçà du Taurus ne fut plus qu'un pays tributaire qu'ils se partagèrent à leur gré. Les Troemiens eurent en partage les côtes de l'Hellespont, la Paphlagonie et une portion de la Cappadoce ; l'Éolide et l'Ionie échurent aux Tolistoboiens, qui allèrent s'établir au-delà du fleuve Sangarius, et les Tectosages prirent toute la portion septentrionale de la Phrygie et de la

Cappadoce. Ils donnèrent à leur nouvelle conquête le nom de la mère-patrie, et la Galatie asiatique fut placée au premier rang des puissances indépendantes de l'Asie mineure.

C'est vers cette époque que les Romains songèrent à porter leurs armes dans cette contrée. Fidèles à une politique qui leur avait toujours réussi, ils commencèrent à exciter contre les Gaulois, la seule nation qu'ils redoutassent, les princes de Phrygie et de Bithynie ; mais la présence d'Annibal dans le dernier royaume suffisait pour déjouer leurs intrigues Ce fut Attale, père d'Eumène, qui le premier déclara la guerre aux Gaulois, sous prétexte de s'affranchir de l'impôt que payaient les rois de Pergame, et cette guerre fut heureuse car les Gaulois se retirèrent au-delà du fleuve Sangarius. Cependant ils ne cessèrent pas de jouir d'une assez grande influence sur les princes de l'Asie mineure, prêtant leur secours intéressé dans les dissensions nombreuses qui divisaient ces princes souverains, et qui préparaient le succès des armes romaines. Ils envoyèrent un corps nombreux comme auxiliaire à Antiochus-le-Grand ; mais les conseils d'Annibal et la coopération des Gaulois ne le sauvèrent pas d'une défaite. La vengeance de Rome s'attacha bientôt aux alliés du roi : le consul M. Manlius, jaloux de surpasser les exploits de Scipion, marcha contre les Gallo-Grecs sans attendre les ordres du sénat. L'expédition de Manlius eut lieu l'an 565 de Rome (A.C. 189) ; il y avait quatre-vingt-neuf ans que les Gaulois étaient établis en Asie. En voulant accomplir son projet d'invasion dans la Galatie, le général romain fut assez habile pour décider les princes Attales à lui servir d'auxiliaires. Aidé des troupes de Pergame et guidé par des alliés qui connaissaient le pays et les populations, il n'hésita pas à se mettre en campagne. Néanmoins, au lieu de marcher directement sur la Galatie, il fit un long circuit en suivant la chaîne du Taurus.

C'est à Ephèse que le consul L. Scipion remit à Manlius le commandement des troupes. Le nouveau consul se transporta d'Ephèse à Magnésie ; c'est là qu'il fut rejoint parle prince Attale avec un corps de mille fantassins et deux mille cavaliers. La marche de Manlius dans l'Asie mineure, la direction oblique qu'il prit pour arriver chez les Galates, prouvent comme on le lui reprocha dans le sénat, que son but était autant de piller les villes et d'affaiblir les gouvernements de l'Asie que d'attaquer les Gaulois, car sa route était par la Phrygie brûlée, c'est-à-dire de Smyrne à Kutayah ; il devait passer le Sangarius au-dessus de Lefké, à peu près au même endroit où il n'arriva qu'après un circuit considérable.

Tite-Live, qui la décrit fort au long l'expédition du consul Manlius, nous a laissé un monument du plus haut intérêt pour l'intelligence de la géographe ancienne. La résistance désespérée des Gaulois dans les défilés de l'Olympe prouve que leur alliance avec les Asiatiques n'avait pas amorti leur valeur. En suivant pas à pas la marche du général romain au milieu de l'Asie mineure, nous retrouvons quelques-unes des villes indiquées par Tite-Live : ruines désertes et aujourd'hui sans nom qui subsistent encore pour attester combien cette contrée était riche et peuplée lorsque les Gaulois y abordèrent.

En quittant Magnésie, Manlius passa le Méandre à la hauteur de Priène. Il trouva sur l'autre bord le bourg de Hieracomé, lieu inconnu et sans doute complètement anéanti par les atterrissemens du Méandre, qui depuis cette époque a formé un nouveau territoire, converti en lac le golfe de Milet, et réuni à la terre ferme l'île de Ladé, dont on ne peut plus que conjecturer la position. De Hieracomé, l'armée arriva en deux jours à Harpasa en Carie. Ce lieu a conservé son nom, et s'appelle aujourd'hui *Harpas-Kalè-Si*. Les ruines de la forteresse existent encore, elle est située sur une montagne dont la base est défendue par une rivière qui était le fleuve Harpas, et qui a également conservé son nom (*Harpa-Tchai*). En quittant ce château, l'armée alla camper à Antioche du Méandre, ville aujourd'hui déserte, et dont les ruines offrent peu d'intérêt. Le bourg voisin porte le nom de *Yeni-Cheher* (nouvelle ville), Parce qu'il a été bâti avec les débris de la ville ancienne. Les habitants de Tabœ de Pisidie, ville populeuse et forte qui commandait une plaine étendue et appuyée aux contreforts septentrionaux du Taurus, ne voulurent pas permettre le passage aux armées coalisées. Ils marchèrent contre les Romains, et attaquèrent en plaine des ennemis qui avaient une cavalerie bien montée. Les Pisidiens furent mis en déroute, et la ville de Taboe en fut quitte pour payer 25 talents (110,000 francs), et dix mille médimnes (50,000 boisseaux) de blé. L'ancienne Tabœ est remplacée par la ville moderne de Daouas. La belle plaine de Daouas produit en abondance du blé et du coton. Ces cantons ne (sont guère peuplés, mais le territoire est fertile et bien arrosé. Les villages environnants sont presque tous situés sur l'emplacement de quelque station ancienne. Le fort appelé *Gordio-Teichos* se trouvait sans doute au village de *Kizilgi-Buluk* ; au moins les distances données par les tables géographiques soit-elles assez d'accord avec cette position.

Manlius, au lieu de prendre sa route vers le nord, appuya encore au sud-est, entra dans les montagnes, et alla attaquer les châteaux de Themisonium et de Cibyra, dont les gouverneurs connaissaient à peine les Romains. Toutes les villes dont le territoire dépend aujourd'hui du pachalik d'Adalia furent mises à contribution. Manlius rentra ensuite en Phrygie, et son itinéraire nous aide à retrouver plusieurs villes dont la position était ou incertaine ou ignorée. Mais la plus curieuse et la plus importante de ces villes, qui fut cherchée pendant longtemps par tous les voyageurs qui ont parcouru l'Asie mineure, c'est sans contredit l'antique Synnada, célèbre par ses carrières de marbre qui était si estimé par les anciens, qu'on en faisait un grand usage à Rome même. Cette ville était située à six lieues au nord-est de la ville moderne de *Kara-Hissar*. Les carrières sont à trois milles des ruines de l'ancienne ville. La roche est d'un blanc d'albâtre veiné de lignes violettes et pourpres. Les anciens lui donnaient le nom de marbre de Synnada ; le lieu où les carrières sont situées s'appelait *Docimia*. Sur l'emplacement du bourg de Docimia, à deux milles au nord des carrières, s'élève le village nommé *Seid-el-Ar*. L'exploitation a été si considérable, que plusieurs collines des environs ne sont composées que de recoupes ; les blocs étaient pris à ciel ouvert dans une roche formant une masse compacte et homogène de plus de trente mètres de hauteur.

Après avoir quitté Synnada, l'armée de Manlius, marchant toujours au nord, s'empara de la ville de Pessinunte ; c'était une des principales places des Tolistoboiens, célèbre dans toute l'Asie par le culte de la mère des dieux, dont la statue était tombée du ciel. Cette figure de la déesse était une pierre informe, et, si la tradition n'est pas fabuleuse, tout porte à croire que cet emblème n'était autre chose qu'un aérolithe. La ville de Pessinunte emprunta son nom du mot grec qui signifie tomber. La piété des princes asiatiques avait embelli cette ville de monuments superbes, et la renommée de la déesse avait été portée jusqu'en Italie. Malheureusement, lorsque toute cette contrée eut embrassé le christianisme, la destruction des temples et des autels des anciens dieux entraîna celle de Pessinunte, dont la décadence fut si complète, qu'on en vint jusqu'à ignorer en quel lieu elle était située.

L'obscurité qui couvrait la situation de cette ville était due à une circonstance dont les géographes ne s'étaient pas rendu compte. Les auteurs anciens étaient d'accord pour placer Pessinunte sur les bords du Sangarius ; aussi cherchait-on les ruines de cette ville en suivant la vallée de la Sakkaria, l'ancien Sangarius ; mais on n'avait pas remarqué que plusieurs rivières, qui ne sont que des affluens du Sangarius, portent aussi le nom de Sakkaria. Il est bien probable qu'il en était ainsi chez les anciens, car, en réalité, la ville de Pessinunte était éloignée de vingt milles en ligne directe du cours principal du Sangarius.

Sevri Hissar est la ville moderne la plus voisine de ces ruines, qui se trouvent aujourd'hui dans le plus triste état, parce que, depuis des siècles, les monuments de marbre blanc de Pessinunte sont exploités comme carrière pour la construction des bains et des fontaines de la ville turque. Les colonnes cannelées du temple de la mère des dieux sont fendues et débitées en dalles pour couvrir les tombeaux musulmans.

Pessinunte était située dans une vallée formée par un cours d'eau qui se rend au Sangarius. Au nord est une montagne dépouillée et conique dans laquelle on doit reconnaître le mont Agdistis des anciens. Le temple de la mère des dieux était de la forme de ceux qu'on appelle *temenos*, c'est-à-dire que l'édifice était entouré d'une grande esplanade qui renfermait les logements des prêtres et des pèlerins. Cette disposition des temenos, commune à tous les grands temples d'Asie, est encore usitée aujourd'hui pour les pagodes de l'Inde, comme pour les grandes mosquées musulmanes. On retrouve dans ces temples modernes le *naos*, l'*area*, le *stoa* et le *temenos* disposés comme dans l'antiquité. Autour des ruines du temple principal, on remarque les débris des temples élevés par les princes de Pergame. Un théâtre et un stade, des portiques qui conduisent à un vaste agora, une acropolis dont les hautes murailles étaient de marbre blanc, tel est l'ensemble des ruines de l'antique et célèbre ville de Pessinunte, dont le nom même a disparu sans laisser de traces. Le village misérable qui occupe une partie de l'ancienne enceinte est appelé Baldassar.

Le passage du fleuve Sangarius fut effectué par l'armée romaine aux environs de Gordium. Tous ces lieux ont aujourd'hui changé d'aspect, car les villes nombreuses qui couvraient les plaines de la Galatie ont complètement disparu. Les Gaulois se défendirent en désespérés dans les défilés de l'Olympe qu'ils avaient à peine fortifiés, dans la conviction où ils étaient que les Romains n'oseraient pas les attaquer dans leur retraite, Le résultat de cette journée fut la défaite des Trocmiens et des Tolistoboiens, quarante mille prisonniers, et la possession de la Galatie occidentale. Mais le consul voulut terminer la guerre contre les Gaulois avant de prendre ses quartiers d'hiver. Il marcha contre la capitale des Tectosages. La nouvelle de la défaite des autres peuples gaulois était arrivée jusqu'à Ancyre, et avait jeté le découragement dans la ville. Soixante-quinze mille hommes prirent néanmoins position sur une montagne des environs d'Ancyre ; mais, vaincus et dispersés dans une première attaque, ils tentèrent vainement de se rallier, et envoyèrent des ambassadeurs à Manlius pour lui demander la paix. Le consul, qui s'était montré si exigeant et si avide envers les peuples de la Carie et de la Pisidie, accorda aux Gaulois une paix honorable, ne leur imposa aucun tribut, maintint leurs lois, et se contenta de leur défendre de faire des incursions chez les alliés des Romains. Le sénat confirma par un décret l'indépendance des Gaulois. Cette faveur si rarement accordée aux peuples conquis les attacha définitivement à la fortune de Rome. Etablis au milieu des monarchies nées de la succession d'Alexandre, les Gaulois conservèrent la ferme de gouvernement usitée dans les Gaules. Chacun des peuples formant la confédération gauloise fut divisé en quatre tétrarchies ; chaque tétrarchie avait un tétrarque, un juge, un général, subordonnés au tétrarque, et deux lieutenants subordonnés au général. Les états se tenaient au milieu d'une forêt de chênes qui leur rappelait le culte de leurs pères, et le grand conseil qui assistait les douze tétrarques réunis se composait de trois cents personnes. Les Romains, en modifiant ce gouvernement, lui conservèrent l'apparence d'un état républicain, jusqu'à ce que la souveraineté fût réunie sur la tête de Déjotare, le dernier prince qui jouit de l'apparence d'un pouvoir national.

Les Galates se montrèrent les fidèles alliés des Romains dans les guerres contre Persée. Ils eurent beaucoup à souffrir pendant la guerre de Sylla contre Mithridate ; la Galatie fut envahie par le roi de Pont, les principaux habitants furent massacrés, et le pays, réduit en province, reçut des gouverneurs particuliers. Après la défaite de Mithridate par Pompée, la Galatie rentra sous la domination romaine, mais on ne lui rendit plus ses tétrarques. Déjotare, prince galate, reçut le titre de roi. Il eut pour successeur son secrétaire Amyntas, qui dut cette faveur à un caprice de Marc-Antoine. On ajouta à son royaume plusieurs portions de la

Pisidie et de la Cappadoce mais tous ces nouveaux royaumes, sans force par eux-mêmes, n'avaient qu'une existence précaire. Amyntas mourut après un règne de onze ans, et ses enfants n'héritèrent pas du trône de leur père. La Galatie fut réduite par Auguste en province romaine. (A. C. 25.) Nous retrouvons plus tard le fils d'Amyntas, Pyhaemènes, aux fêtes de la dédicace du temple élevé à Auguste par les peuples de la Galatie, et sa fille Carachylae exerçant la charge de grande prêtresse de Cérès. Lorsque la Galatie eut été réduite en province, elle n'en conserva pas moins tout l'appareil d'un gouvernement indépendant ; les lois et actes de l'autorité furent toujours promulgués au nom du sénat et du peuple : en réalité cependant la Galatie fut administrée par des propréteurs dont les noms : nous sont également conservés dans un grand nombre d'inscriptions. Nous ne pouvons révoquer en doute le fait attesté par saint Jérôme, de l'usage de la langue gauloise en Asie. Les noms gaulois d'Albiorix, Ateporix, etc., conservés dans les inscriptions, prouvent que la nationalité gauloise ne s'était pas effacée après un séjour de deux cents ans en Orient. Mais un fait qui est complètement en faveur de ceux qui pensent que le gaulois ne fut jamais une langue écrite, c'est que, parmi les innombrables inscriptions qui ont été recueillies depuis trois siècles dans l'ancienne Galatie, pas une seule n'est écrite en gaulois. Les actes émanant du conseil général des Galates sont tous en langue grecque ; les actes publics émanant du pouvoir impérial, les inscriptions relatives aux magistratures militaires, aux légions, aux routes, sont tous en latin ; on avait soin quelquefois de mettre une traduction grecque à côté de l'inscription latine.

Le même sénatus-consulte qui inscrivit la Galatie au nombre des provinces, déclara Ancyre métropole de toute la Galatie. Les deux autres capitales des Galates, Tavium et Pessinunte, commencèrent à déchoir à partir de cette époque. La destinée de ces deux villes fut tellement uniforme, que l'une et l'autre sont restées pendant des siècles englouties dans un oubli complet, et leur position même était ignorée. Pessinunte peut aujourd'hui déployer aux yeux du voyageur les faibles débris de sa grandeur passée ; mais Tavium, la capitale des Trocmiens, ville grande et commerçante, célèbre par un temple de Jupiter qui avait droit d'asile, Tavium, cachée au milieu : de quelque forêt sur les bords du fleuve Halys, a jusqu'ici échappé aux investigations des archéologues.

Depuis le jour où le titre de métropole de toute la Galatie fut décerné à Ancyre, l'histoire de la province se résume dans celle de la ville. Les autres peuples partagent la destinée des Tectosages, et se trouvent complètement confondus avec eux dans la période qui suivit le règne des césars.

Telles sont donc les conséquences des évènements que nous avons rapidement retracés. Deux peuples braves et entreprenants viennent l'un après l'autre asseoir leur puissance sur une des belles parties de l'Asie mineure, et tous deux réussissent sans de grands efforts à établir leur autorité d'une manière durable. On ne peut se lasser d'admirer cette grande et sage politique des Romains, qui partout s'annonce par l'éclat des victoires et s'impatronise par les arts de la paix. Après avoir préparé par des moyens odieux pour la morale vulgaire, mais dont la politique ne se fera jamais faute, l'affaiblissement des états qu'elle redoutait, Rome frappe un grand coup sur la nation gauloise ; mais, à peine vaincue, elle lui tend la main, lui conserve ses princes et son gouvernement, et n'annonce son pouvoir dans la capitale des Galates que par la sagesse de ses lois, les prodiges de ses arts et la pompe de ses fêtes.

Les Gaulois n'avaient pas suivi une marche différente. Sans pitié pour les ennemis qui leur opposaient des obstacles, ils se montrèrent voisins secourables pour les princes qui réclamaient leur appui. Ils conservèrent aux villes qui étaient tombées en leur pouvoir leurs lois, leurs croyances et même leurs superstitions. Sous la domination gauloise, la foule des pèlerins n'en accourait pas moins aux panégyries de Pessinunte, et les prêtres de la déesse purent venir processionnellement annoncer aux Romains que le jour de leur domination, prédit par les oracles, était arrivé. Le secret de ces deux peuples, marchant au même but, se cachait sous les mêmes moyens : vaincre d'abord, mais conserver leur dignité aux peuples vaincus, et leur faire oublier, par un gouvernement conforme à leurs besoins, le joug qui en réalité pesait sur eux.

Un coup d'œil général sur la ville et les monuments de la métropole des Galates suffira pour faire voir que l'alliance entre les Romains et les Gaulois fut constante et sincère, et que jamais les nouveaux conquérants ne se démentirent dans la politique qu'ils avaient adoptée.

La ville d'Ancyre (Ankyra) dont on retrouve le nom dans celui de la ville moderne d'Angora, était située vers les sources du Sangarius, et commandait un vaste territoire qu'on appelle aujourd'hui la province de l'Haïmana. Pausanias nous a conservé une tradition qu nous apprend que la ville d'Ancyre fut fondée par un roi du nom de Midas. Apollonius, l'historien de Carie, cité par Étienne de Byzance, rapporte plusieurs traditions relatives à la fondation d'Ancyre, qu'il est disposé à regarder comme l'ouvrage des Gaulois ; mais il est contredit par Arrien, qui dit qu'Alexandre, en partant de Gordium, vint à Ancyre et reçut dans cette ville une députation des Paphlagoniens. Il est probable que les Gaulois y firent des travaux considérables ; Cependant cette ville fut fondée par les Phrygiens, et reçut le nom d'Ancyre parce que les ouvriers trouvèrent une ancre de pierre en travaillant aux fondations des murailles.

Dans le principe, la ville d'Ancyre occupait le sommet d'une colline qui s'étend de l'est à l'ouest. C'est un grand rocher volcanique dont les flancs sont très abrupts. L'acropolis couronnait ce rocher, et les murailles descendaient jusqu'à mi-côte. Au nord, un torrent défend les abords de la montagne, et, coulant vers l'ouest, il va se jeter dans le Sangarius.

Telle est l'idée que l'on doit se faire de la ville des Gaulois. Mais, lorsque les Romains eurent réduit la Galatie en province, il n'est pas de travaux et d'embellissements qu'ils n'aient faits dans leur nouvelle conquête. Les murailles furent prolongées jusque dans la plaine, et les quartiers situés sur la montagne fortifiés de nouveau, afin de former une vaste citadelle. La double enceinte flanquée de tours subsiste encore aujourd'hui ; mais les différents sièges que la ville eut à subir ont laissé des traces nombreuses, et plusieurs parties des murailles ont été réparées avec des débris de monuments antiques, des autels et des pierres sépulcrales. Un vaste souterrain qui règne sous la plate-forme du château servait à contenir les machines de guerre. Suivant le système de défense usité cette époque, la citadelle occupant le point culminant de la ville, les murailles n'avaient pas de fossé extérieur ; elles suivaient les ondulations du rocher et s'élevaient ainsi en quelques endroits à plusieurs centaines de mètres au-dessus du niveau de la plaine.

Les plus beaux édifices construits par les Romains étaient dans la partie basse de la ville ; les inscriptions qui subsistent encore nous apprennent qu'Ancyre avait un hippodrome, des bains, des aqueducs et plusieurs temples. Si l'on en juge par les débris que l'on voit répandus çà et là, la magnificence de ces édifices ne le cédait en rien à ceux de Rome même. Les artistes grecs employés par les vainqueurs donnèrent à ces constructions un cachet de finesse et d'élégance que n'avaient pas les monuments d'Italie.

Les ravages du temps et des hommes ont détruit la plupart des édifices antiques ; un seul temple, monument de flatterie plutôt que de piété, élevé par les princes galates en l'honneur d'Auguste et de Rome, subsiste encore, pour attester à quel degré éminent les arts étaient parvenus en peu de temps dans la capital de la Galatie. Ce monument occupait le centre de cette partie de la ville qui fut l'ouvrage des Romains. Précieux sous le rapport de l'art, il est plus remarquable encore par les nombreuses inscriptions placées sur ses murailles, qui nous ont ainsi conservé des documents historiques très importants. Nous avons à regretter des portions notables de l'architecture, les colonnes et les chapiteaux, l'entablement extérieur ; mais, dans ce qui reste, tous les détails de construction et d'ornement sont exécutés avec tant de goût et de précision, que le temple d'Ancyre, s'il était plus connu, serait sans contredit placé au premier rang des chefs-d'œuvre de l'architecture romaine.

Les ruines du temple d'Ancyre se composent des deux murs latéraux de la cella, avec les antes ou pilastres qui les terminent. Ces murs sont construits en gros quartiers de marbre, reliés par des crampons de bronze, comme on peut s'en assurer dans les parties brisées. Les chapiteaux des pilastres représentent des victoires ailées, qui s'appuient sur des enroulements de feuillage. Ces figures s'ajustent avec une convenance parfaite dans des rinceaux d'acanthe, qui forment la frise extérieure du mur de la cella. La largeur et la hauteur des pilastres font connaître les dimensions des colonnes absentes ; l'antiquaire peut ainsi reconstruire dans son imagination un des plus beaux monuments d'Ancyre.

La façade du temple était ornée de six colonnes d'ordre corinthien, qui portaient un entablement et un fronton. Des débris épars qui ont appartenu à l'édifice font voir que les colonnes étaient cannelées. L'ajustement du mur de la cella indique qu'elle était entourée d'un portique ; ainsi le temps d'Ancyre était héxastyle et péreptère, disposition généralement adoptée par les Romains pour les édifices religieux de grand style.

Dans la partie antérieure du temple est une sorte de vestibule ouvert, que les anciens appelaient *pronaos*. On entrait du pronaos dans la cella (partie réservée pour les prêtres) par une porte richement ornée d'un entablement porté sur deux consoles de marbre. Il est rare de voir, dans les temples antiques, les portes assez bien conservées pour qu'on puisse en étudier les proportions.

Dans toute l'Italie, on ne cite que deux portes de temple, et, pour la beauté des détails, elles ne sauraient être comparées avec la porte du temple d'Auguste.

L'intérieur de l'édifice était fort simple. Une corniche, de laquelle pendaient des guirlandes de fruits, régnait à l'entour. Au-dessus de la corniche s'étend une partie complètement lisse, qui, dans l'origine, fut sans doute destinée à recevoir des peintures.

Dans le mur de la cella, à droite en entrant, on remarque trois fenêtres cintrées destinées à éclairer l'intérieur. Comme les temples anciens ne recevaient de jour que par la porte, Pococke et Tournefort avaient douté que le monument d'Ancyre fût réellement un temple, et étaient portés à la regarder comme un prytanée ; mais, en examinant de près ces fenêtres, on voit qu'elles ont été percées après coup, et que le cintre est taillé au milieu des assises horizontales des pierres de la cella. Ces fenêtres ont été percées lorsque ce temple fut converti en église ; c'est alors qu'on abattit le mur du posticum et qu'on ajouta des constructions qui se rattachent aux antes.

Dans la partie antérieure du temple, on se contenta d'enlever les colonnes qui se trouvaient entre les antes, pour former le *narthex* ou portique qui précède toutes les églises byzantines. Vers le milieu du XVe siècle, un pèlerin de la Mecque du nom de Hadji-Baïram, fit élever une mosquée contiguë à l'église, que les musulmans avaient détruite. On employa pour la construire une quantité de fragments de marbre provenant de la démolition des portiques du temple, et l'église byzantine fut convertie en cimetière pour les musulmans. Quelque déplorables pour les arts que soient les dégradations commises dans le temple d'Ancyre, on ne sait si l'on doit en blâmer les auteurs, car sans nul doute aucune partie de ce bel édifice ne serait parvenue jusqu'à nous. La ville d'Angora étant située sur un terrain volcanique, le marbre et la pierre calcaire sont apportés de loin, et tout ce qu'on a pu arracher aux monuments antiques pour l'employer à d'autres édifices, ou même pour faire de la chaux, a été enlevé sans scrupule. La mosquée a protégé le temple, et, quoique cet édifice soit aujourd'hui sans destination, il a été respecté comme dépendance d'un monument religieux.

Ce temple fut élevé à Ancyre vers l'an 766 de Rome, et inauguré par les princes de Galatie dont les noms sont conservés dans l'inscription grecque tracée sur le pilastre. L'inscription rapporte toutes les cérémonies et les fêtes qui eurent lieu au moment de la dédicace. Ce fut Phylaemènes, fils d'Amyntas, qui dédia le temple. Elle contient aussi les noms de plusieurs autres princes galates sur lesquels l'histoire nous apprend peu de chose. Le marbre, rongé par le temps en plusieurs endroits, laisse quelques lacunes assez faciles à remplir. Cette inscription est d'autant plus intéressante, que c'est le seul document aussi complet que l'on possède sur les cérémonies des dédicaces chez les anciens.

DEDICACE DU TEMPLE D'AUGUSTE :

« Le peuple des Galates ; après avoir fait les sacrifices d'inauguration, a dédié ce temple au divin Auguste et à la déesse Rome… La ville a ordonné que des festins publics fussent offerts aux citoyens. Une course de chars à deux chevaux a été donnée ; on a donné une chasse de taureaux et de bêtes féroces. Outre le festin public, on a donné des spectacles publics et des chasses ; M. Lollius présidait à ces fêtes.

« Phylaemènes, fils du roi Amyntas, a donné deux fois un festin public, a donné deux fois des spectacles, un combat gymnique de chars et de cavaliers ; il a donné également des combats de taureaux et une chasse. Il a consacré près de la ville le terrain où est construit le Sebasteum (le temple d'Auguste), où ont lieu les réunions publiques et les courses de chevaux.

« Albiorix, fils d'Ateporix, a donné un festin public et a dédié les statues de César et de Julia Augusta.

« Amyntas, fils de Gaesatodiastès, a donné deux fois des festins publics, a sacrifié une hécatombe, a donné des spectacles, a distribué une mesure de cinq boisseaux de blé à chaque citoyen. Hermeias, fils de Diognetès, a présidé à ces fêtes.

« Albiorix, fils d'Ateporix, a donné pour la seconde fois un festin public qui fut présidé par Fronton.

« Métrodore, fils adoptif de Menemachus et de la famille de Dorylaüs, a donné un festin public et a fait des sacrifices pendant quatre mois.

« Monsinus, fils d'Articnus, a donné un festin public et a fait des sacrifices pendant quatre mois.

« Pylaemènes, fils du roi Amyntas, a donné deux fois un festin public aux trois peuples. Il a sacrifié dans Ancyre une hécatombe et il a donné des spectacles et une procession ; il a donné également des combats de taureaux et une réunion publique (*panégyrie*) pendant toute l'année. Il a donné des combats de gladiateur il a donné aux trois peuples des combats de bêtes, féroces. M. Lollianus a présidé à ces fêtes.

« Philodalius a donné un festin public à Pessinunte, vingt-cinq combats de gladiateurs et dix…… à Pessinunte aux deux peuples pendant toute l'année. Il a consacré des statues.

« Seleucus, fils de Philodalius, a donné deux fois des festins publics aux deux villes ; il a honoré les deux peuples par des sacrifices pendant toute l'année.

« Julius Ponticus a donné un festin public, a sacrifié une hécatombe, a donné un combat d'athlètes….. aux peuples pendant toute l'année…. président à ces fêtes…..

« Quintus Gallius, fils de Marcien, a donné deux fois des festins publics et a consacré une statue de la Victoire dans Pessinunte…… dès, fils de Philodalius, a donné un festin public, a sacrifié une hécatombe et fait des sacrifices pendant toute l'année….. a dédié un autel dans les deux villes. Pylaemenès a donné pendant un mois des festins publics aux deux peuples, a sacrifié une hécatombe, a donné un combat singulier, et a donné aux deux peuples...... pendant toute l'année. »

Cet acte public, inscrit sur le frontispice d'un temple, est un document du plus grand intérêt historique, tant par l'authenticité des faits que par les noms des princes qui ont concouru à cette dédicace. Tout en reconnaissant que le peuple d'Ancyre a toujours reçu de la part des Romains les témoignages d'une haute estime, on doit être frappé du soin que prit le magistrat suprême, sans doute le proconsul, de faire présider par un commissaire romain, dont le nom est inscrit à côté de celui des princes galates, les fêtes et les cérémonies dont ces derniers firent les frais, et qu'ils sont censés avoir ordonnées de leur propre mouvement.

Cette longue énumération de festins, de spectacles et de combats, donne mieux que tout ce que je pourrais dire une idée de la richesse de cette ville d'Ancyre et de cette Galatie, devenue province romaine depuis moins de six années. Les Romains avaient trouvé une admiration et un gouvernement qu'ils avaient conservés ; les Gaulois, uniquement occupés d'expéditions guerrières, n'avaient guère songé à doter leurs villes de monuments superbes. Des châteaux élevés sur la pointe des rochers et quelques huttes à l'entour, c'était à peu près tout ce qui composait l'ensemble de leurs cités ; c'est encore ce que l'on voit dans toutes les parties de l'Orient. Les Romains portèrent chez les Galates le goût des théâtres, des jeux et des courses, qui se ranimait à Rome avec plus d'intensité à mesure que les rapports entre Rome et l'Orient devenaient plus fréquents.

Ce qui rend l'Augusteum d'Ancyre un monument des plus précieux pour les antiquaires, c'est qu'il nous a conservé une copie du célèbre testament d'Auguste inscrit par ses ordres sur deux tables de bronze, et confié à la garde des vestales à Rome. Un exemplaire de ce testament fut envoyé à Ancyre, selon la volonté de l'empereur, et gravé dans l'intérieur du pronaos du temple qui lui était dédié. Ce curieux document a été rapporté pour la première fois en Europe en 1554 par Busbeque, ambassadeur d'Allemagne près la Porte ottomane. Un autre exemplaire, rapporté en 1689, copié avec soin, a été publié vers la même époque. Tournefort a copié, en 1701, cette même inscription, qui depuis a beaucoup souffert de l'injure du temps et des hommes, car, en Asie comme en Italie, les monuments antiques ont été l'objet d'investigations entreprises par l'ignorance pour chercher des trésors imaginaires, et souvent, faute de mieux, les avides et patients dévastateurs des monuments se sont bornés à faire des trous dans les murs pour retirer quelques crampons de bronze ou de fer qui retenaient les pierres. L'inscription Ancyre a été criblée de trous faits dans cette intention, et présente aujourd'hui des lacunes assez notables ; mais, en collationnant les copies publiées avec l'exemplaire original, il est facile de s'assurer qu'elles offrent toute l'exactitude désirable. Quelques mots déjà effacés à cette époque ont été restitués avec intelligence, et ne doivent pas avoir altéré sensiblement le sens de l'inscription primitive. Sur le mur extérieur de la cella se trouvent les débris d'une autre inscription en langue grecque, qui mentionne tous les embellissements faits par les ordres d'Auguste dans différentes villes de l'empire.

Nous savons peu de choses sur le collège de prêtres augustaux attachés au service du temple ; mais une inscription qui existe encore à Angora atteste que le peuple des Tectosages reçut tout entier le surnom d'augustal, probablement en récompense des honneurs qu'il avait rendus à Auguste. Non contents d'avoir élevé un temple à Auguste, qui était regardé comme le nouveau fondateur d'Ancyre, les Galates en firent construire plusieurs autres en l'honneur des empereurs Nerva, Trajan et Caracalla. Les médailles et les inscriptions que l'on a découvertes en si grand nombre à Ancyre, attestent que le goût des jeux publics était devenu très populaire sous les Antonins. A cette époque, en Asie comme dans l'ancienne Gaule, les Gaulois s'étaient identifiés avec les Romains, comme plus tard les Romains se confondirent avec les Grecs sous l'empire byzantin. Le gouvernement de la Galatie était remis entre les mains d'un préteur ; elle fut aussi régie par un proconsul, mais on sait que dans les provinces, ces magistrats jouissaient des mêmes privilèges. Les ordonnances municipales étaient néanmoins promulguées au nom du sénat et du peuple des Galates.

II

Lorsque saint Paul parcourut l'Asie mineure pour prêcher le christianisme, les Galates furent de ceux chez qui la parole de l'apôtre fructifia le plus vite. L'église d'Ancyre fut une des premières qui s'élevèrent en Orient ; aussi reçut-elle le nom d'église apostolique. Les évêques d'Ancyre figurèrent aux conciles de Nicée et de Chalcédoine. Deux conciles furent tenus, en 314 et en 358, dans la capitale de la Galatie. Les *Notices ecclésiastiques* divisent la Galatie en seize évêchés sous deux dénominations, la Galatie-Salutaire et la Galatie-Consulaire. Ancyre appartenait à cette dernière province.

De toutes les églises byzantines dont cette ville était ornée, il n'en reste plus qu'une seule, qui fut dédiée à saint Clément d'Ancyre, martyr de la foi sous le règne de l'empereur Dèce. Le plan et la construction générale de cet édifice indiquent qu'il est postérieur au règne de Justinien. Il était orné de peintures et de mosaïques qui ont été presque toutes détruites par les Turcs.

L'histoire d'Ancyre pendant la période byzantine se résume en quelques faits peu importants. C'est dans cette ville que l'empereur Jovien prit la pourpre impériale, qu'il ne porta que peu de jours, car il mourut avant d'arriver à Constantinople. Julien fut accueilli avec de grands honneurs à son passage à Ancyre. On a pensé que la colonne triomphale, qui subsiste encore, a pu être élevée en l'honneur de cet empereur. Elle est certainement de l'époque byzantine ; cependant, comme elle ne porte aucune inscription, on ne peut que faire des conjectures sur le personnage ou l'évènement qu'elle fut destinée à célébrer.

La ville d'Ancyre, après avoir subsisté pendant plusieurs siècles dans un état constant de richesse et de prospérité, vit son étoile pâlir, et des malheurs sans nombre vinrent assaillir sa population. Si les invasions venues d'Occident avaient apporté à ces contrées la prospérité et la civilisation, les hordes qui commençaient à s'agiter sur les plateaux de la Tartarie leur préparaient de rudes épreuves. Les premières attaques que la ville d'Ancyre eut à souffrir, lui vinrent du côté des Perses. Sous le règne d'Héraclius, elle fut prise par Chosroës. Rendue aux empereurs après la défaite du prince sassanide, elle eut quelques années de paix, sui lui permirent de réparer ses malheurs ; mais les Arabes, qui avaient envahi la Perse et renversé le trône de Chosroës, firent une irruption en Asie, prirent et ravagèrent Ancyre. Cette ville néanmoins ne resta pas sous la domination des khalifes. Mais le pouvoir des empereurs byzantins était nul dans ces contrées, qui étaient devenues les extrêmes frontières de leur empire ; les princes seldjioukides fondèrent à Iconium un royaume qui s'étendit jusqu'au

Sangarius ; ils s'emparèrent facilement d'Ancyre, et en firent une ville musulmane.

Pendant la malheureuse expédition de Frédéric Barberousse, les sultans seldjioukides avaient feint de conclure une alliance avec ce prince ; mais lorsqu'il arriva dans les plaines du lac Salé, pays désert et sans eau potable, les croisés furent attaqués par les musulmans. Ces derniers avaient, moitié par force, moitié par persuasion, décidé les chefs grecs, qui se trouvaient répandus dans les bourgades éloignées, à ne porter aucune provision aux Latins, à retirer les troupeaux dans les montagnes, et surtout à ne fournir ni armes ni flèches aux croisés. L'armée n'eut à résister, en réalité, qu'à des escarmouches, mais bientôt des privations sans nombre vinrent assaillir cette multitude qui s'étant engagée dans des contrées inconnues. L'historien arabe Ibn-Al-Atir fait un effrayant tableau du désastre de cette armée, qui se dirigeait vers Antioche pour rejoindre le corps de l'expédition des chrétiens. Les soldats, exténués de soif et de faim, jetaient leurs armes et mouraient de fatigue. C'est ainsi que les Latins, sans cesse harcelés par les princes d'Iconium, gagnèrent la Cilicie en franchissant les défilés sauvages du mont Taurus ; mais, arrivé près du fleuve Cydnus, qui avait failli être fatal à Alexandre, le prince croisé, faible et blessé, tenta le passage à gué, et fut emporté par les eaux. L'armée sans chef se dispersa et périt en détail ; bien peu de croisés arrivèrent au camp d'Antioche. Selon l'historien de croisades, la ville d'Ancyre aurait été, à cette époque, entre les mains des croisés, commandés par Bohemond, qui s'en étaient emparés après la bataille de Dorylée ; mais l'armée de Barberousse ne reçut d'eux aucun secours.

Les Latins, qui avaient pour ennemis les Grecs et les musulmans, ne purent conserver la ville d'Ancyre ; ils la possédèrent néanmoins pendant dix-huit années, y bâtirent quelques églises, et réparèrent le château. La période qui s'écoula entre la chute des princes seldjioukides et la conquête définitive d'Ancyre par les musulmans, fut un temps tellement rempli de désordres, de guerres entre les émirs chefs de district, que l'histoire de cette province se trouve absorbée par celle des malheurs sans nombre qui affligeaient toute l'Asie mineure. Les Turcs, sous la conduite du sultan Mourad, finirent par se rendre maîtres d'Ancyre, et réunirent cette ville aux conquêtes d'Othman, qui s'étendaient sur toute la côte de la Proponitide ; il y avait déjà longtemps que Nicée, Brousse, Kutayal, étaient entre les mains des Ottomans.

La puissance qu'ils avaient conquise en Asie ne résista pas aux attaques de ce fléau de l'Orient, qui, après avoir conquis la Bactriane et la Perse, venait fondre sur l'Asie occidentale, en conduisant ses hordes innombrables. Tamerlan avait hâte d'en venir aux mains avec les sultans ottomans ; il avait déjà saccagé plusieurs villes appartenant aux sultans lorsque Bajazet vint au-devant de lui à la tête d'une armée qui avait battu les chrétiens et qui s'était aguerrie par le siège de Constantinople. C'est dans la plaine située au sud-ouest d'Ancyre que se donna cette mémorable bataille dans laquelle Bajazet vaincu tomba entre les mains de Tamerlan.

Ancyre devint la proie des hordes tartares : Brousse, Smyrne, Sébaste, eurent le même sort ; mais les Ottomans reprirent l'offensive quelques années plus tard, et Mahomet Ier réunit Ancyre au patrimoine des enfants d'Othman. Les Grecs, qui avaient suivi la politique la plus opposée à leurs intérêts, en se liguant tantôt avec les musulmans contre les Latins, tantôt avec Tamerlan contre les Turcs, tombèrent dans un esclavage dont ils souffrent encore depuis près de cinq siècles.

Malgré tant de ravages et de guerres désastreuses, la Galatie, par la fertilité de son sol et la richesse de ses produits agricoles, est encore une des provinces les plus heureuses de l'Asie mineure, car les vieux Gaulois, guerriers intrépides, peu soucieux des arts et complètement étrangers aux lettres, avaient l'agriculture en grande estime, et ce n'est pas le hasard qui les dirigea dans le choix qu'ils firent de ces provinces pour s'y fixer, de préférence à d'autres cantons de l'Asie mineure. Un climat sain et tempéré, un pays coupé de montagnes et de plaines, où les troupeaux trouvaient une nourriture abondante et choisie, un grand lac au sud de la province qui fournissait du sel au-delà des besoins pour les troupeaux et pour les hommes, et des hivers assez froids pour leur rappeler les frimas de leur patrie, qui retrempent les forces abattues par les chaleurs de l'été, tels étaient les éléments de prospérité sur lesquels ils avaient compté. Les troupeaux nombreux qui se sont perpétués dans ces contrées avaient attiré leur attention ; on sait que dans l'antiquité il n'y avait pas de meilleurs bergers que les Gaulois. Aucun peuple ne savait si bien gouverner les troupeaux, soigner les brebis, préparer les laitages, et recueillir les produits. Ils estimaient qu'un berger ne peut bien gouverner plus de quatre-vingts moutons. Ils avaient soin de frotter les brebis fraîchement tondues avec de l'huile et du vin, et couvraient d'une peau les toisons les plus précieuses.

Les anciens pensaient que le sel fossile doit être choisi de préférence pour saler les fromages, et Strabon nous atteste que l'Asie mineure en exportait jusqu'en Italie. L'usage des préparations diverses du lait s'est perpétué en Galatie ; les Turcomans et les nomades font du lait la base de leur nourriture. Ils estiment particulièrement le lait aigri et à demi caillé, qu'ils appellent *youhourt*. Varron nous apprend que la substance laiteuse qui sort de la feuille d'un figuier fraîchement coupée servait, chez les Grecs, pour faire cailler le lait. Les moutons de la Galatie sont de la même race que ceux de la Cappadoce ; ils portent une queue large et pesante qui forme une masse de graisse du poids de vingt livres et au-delà. Ce sont ces troupeaux qui faisaient la richesse du roi Ariarathe. La laine de ces brebis est touffue, mais n'est pas assez belle pour être employée en tissus un peu fins. Les anciens bergers étaient dans l'usage d'arracher la toison des brebis, et non pas de la couper (de là le mot *vellera*) ; c'est sans doute à cause de cette habitude cruelle et malsaine que l'on était obligé d'appliquer une apozème sur les brebis fraîchement tondues. Mais il paraît que cette habitude n'était pas générale en Galatie, car Varron en a fait la remarque.

La toison des brebis, soit naturelle, soit travaillée, servait de vêtement aux bergers gaulois. Varron les représente vêtus du *diphtère* ou peau de brebis. Les diphtères les plus fins étaient en peaux de chèvres. Ce vêtement est encore usité dans la Bretagne et dans les Landes. Ce sont deux peaux de chèvres cousues, formant une espèce de *sagum* ou sac avec des orifices pour passer la tête et les bras. On voit encore aujourd'hui le berger galate vêtu de la sorte, et portant le *pedum* ou bâton recourbé qui sert à arrêter la brebis lorsqu'on veut la traire. Une tunique de coton ou de laine blanche lui descend jusqu'à mi-jambe, et le pied est revêtu d'une peau de chèvre attachée avec des courroies. Mais on ne voit plus ces cheveux d'un blond ardent qui donnaient aux Gaulois un air si redoutable. L'usage si général de se raser la tête a prévalu chez les Asiatiques, de quelque religion qu'ils soient. Sans chercher à se faire illusion, on reconnaît quelquefois, surtout parmi les pasteurs, des types qui se rapportent merveilleusement à certaines races de nos provinces de France. On voit plus de cheveux blonds en Galatie qu'en aucun autre royaume de l'Asie mineure ; les têtes carrées et les yeux bleus rappellent le caractère de populations de l'ouest de la France. Cette race de pasteurs est répandue dans les villages et les *yaëla* (camps de nomades) des environs de la métropole.

Les troupeaux de brebis ne forment qu'une minime partie de la richesse du pays ; les chèvres à long poil, célèbres déjà dans l'antiquité, sont une source de revenu bien plus considérable. Varron parle certainement des chèvres d'Angora lorsqu'il dit : « En Phrygie (la Galatie et un démembrement de la Phrygie), les chèvres ont des poils très longs, et au lieu d'arracher leur toison, on est dans l'usage de les tondre. C'est de la Phrygie qu'on nous apporte les cilices et autres tissus de ce genre faits de poils de chèvres tondues. Les cilices étaient des manteaux et des tuniques de laine qui, dans le principe, se fabriquaient en Cilicie, province de l'Asie mineure, dont ces vêtements ont conservé le nom. Le nom de *Chaly*, que porte le tissu fabriqué de nos jours avec le poil de chèvre d'Angora, offre assez d'analogie avec le nom de *cilice* pour qu'on puisse le regarder comme le même mot prononcé d'une manière vicieuse. Cette industrie du tissu de poil de chèvre remonte évidemment à une antiquité très reculée, et s'est conservée sans déchoir comme sans s'améliorer pendant une longue suite de siècles. Il en est de même de l'industrie du parchemin qui s'est maintenue à Pergame depuis les rois Attales jusqu'à nos jours. Il est probable que les ateliers établis sur les bords du Selinus sont les mêmes que ceux qui furent fondés par ces princes, protecteurs des lettres. Les procédés de fabrication dans l'un est dans l'autre industrie sont restés tout-à-fait stationnaires.

Si les chèvres et les moutons offrent en Galatie d'admirables produits, la race bovine est loin de présenter un aspect aussi satisfaisant. Les bœufs sont d'une race petite et généralement mal coiffée. Le grand bétail exige pour la reproduction et l'entretien beaucoup plus de soins et de frais que les moutons et les chèvres ; il n'est pas étonnant qu'il ait un peu dégénéré. La Galatie nourrissait des troupeaux d'onagres qui occupaient les steppes des environs du lac Salé. Ces onagres erraient dans le sud de la Galatie, dans la Lycaonie et dans la Cappadoce. Il ne reste plus de trace de ces animaux à l'état sauvage en Asie mineure. Les derniers sujets de cette race ont été refoulés jusque dans les vallées désertes de la Perse. Mais les mules de Césarée de Cappadoce, issues des ânes de la Lycaonie et des juments du Kurdistan, rappellent, par leur vigueur, leur légèreté et la beauté de leurs formes, toutes les qualités que les anciens historiens prêtaient aux onagres de l'Asie mineure. Quant à la race chevaline, on peut la considérer comme nulle en Galatie. Les Gaulois ont toujours été très peu portés pour l'équitation. Dans les combats, ils mettaient l'agilité au-dessus de tout autre moyen de défense et d'attaque, et Tite-Live fait une remarque qui se trouve parfaitement d'accord avec ce que nous voyons dans les bas-reliefs antiques : « Les Gaulois, dit-il, avant de combattre, se dépouillaient complètement de leurs vêtements, et ne conservaient que leur épée courte et leurs longs boucliers. »

Ce n'est que dans la province de Youzgatt, ancien pays des Trocmiens, que l'on commence à trouver la race des chevaux indigènes, appelés chevaux kurdes. Ce sont les anciennes races mède et assyrienne. Leur tête est osseuse, l'encolure courte, les jambes nerveuses et pelues. Adroits sur les rochers et infatigables à la course, ces chevaux, comme le bétail de la Galatie, reçoivent une quantité notable de sel mêlée à leur nourriture journalière il y a même des propriétaires qui laissent, près du lieu où le cheval est attaché, de grands blocs de sel fossile, que le cheval lèche en mangeant son orge.

L'usage de l'avoine étant presque inconnu en Asie mineure, l'orge fait la base de la nourriture des chevaux. Cet aliment, plus azoté que l'avoine, et susceptible d'une fermentation plus lente, donne un peu moins d'ardeur aux chevaux, mais offre une nourriture plus soutenue. Les chevaux nourris à l'orge sont sujets à prendre du ventre et de l'embonpoint, défaut assez commun aux chevaux de ces contrées.

Les produits de l'agriculture étaient abondants et magnifiques ; la plupart des fruits, et même l'olivier, qui ne croît plus dans cette province, y étaient cultivés dans l'antiquité : il est vrai que plusieurs districts étaient privés, comme ils le sont encore, d'un élément bien utile. Le bois ne croit pas dans la partie méridionale de la province ; aussi les anciens avaient-ils donné à cette contrée le nom de *Axylon* (sans bois). Pendant les froids, qui sont assez rigoureux, les habitants se chauffent avec les résidus des bestiaux.

Pour achever l'esquisse que nous venons de tracer, il nous reste à dire quelques mots de l'état moderne de la Galatie, de son commerce et de son gouvernement.

Nous avons vu que, dans l'antiquité, les frontières de la Galatie ont varié avec la puissance des tribus gauloises, et selon le caprice des empereurs romains, qui ajoutaient ou retranchaient des provinces en proportion de l'amitié qu'ils portaient aux tétrarques, aux princes ou aux proconsuls. Sous les empereurs byzantins, les limites de la Galatie furent portées, vers le nord, jusqu'aux bords de la mer Noire, et cette partie du royaume de Pont, qui en avait été distraite, fut appelée le Pont Galatique. Honorius reprit cette province et en fit un gouvernement à part, sous le nom d'Honoriade. Lorsque l'empire d'Orient fut divisé en départements militaires appelés *thèmes*, la Galatie vit encore varier ses frontières, mais tous ces changements n'entamèrent jamais la province centrale où s'étaient primitivement établis les Gaulois. Dans l'état actuel, la Galatie occupe les gouvernements d'Eski-Cheher Dorylée), de Sevri-Hissar, d'Angora, de Tchouroum, Castamouni et Youzgatt, au-delà du fleuve Halys (Kizil-Irmak). Toute la partie septentrionale est montagneuse, renferme des mines, des volcans éteints et des carrières de marbre. C'est d'une province appartenant à l'ancienne. Galatie que se tire cette substance minérale (magnésite) connue sous le nom d'écume de mer, et qui est exportée dans tout le nord de l'Europe pour faire des fourneaux de pipes. Ces carrières sont données en régie à des fermiers du gouvernement ; les mines sont situées à une assez grande profondeur (de 15 à 20 mètres) au-dessous du sol, le filon d'écume de mer se trouve entre deux bancs d'argile grise et très dure. En s'approchant du fleuve Sangarius, la roche argileuse change de nature et passe à l'état d'argile smectique (ou terre à foulon), qui est employée, dans tout l'intérieur de l'Asie, en guise de savon pour laver le longe et pour l'usage des bains. C'est cette terre épurée et choisie que l'on marquait d'un sceau et qui était portée aux échelles du Levant ; de là on la transportait en Europe sous le nom de terre cimolée, et on l'administrait dans l'ancienne médecine, comme sédatif et absorbant.

Le grand lac Salé, que les anciens appelaient *Tatta Palus*, produit naturellement du sel blanc très pur ; les eaux de ce marais sont tellement chargées de sel, que les plantes et les menues branches qui se trouvent sur ses bords, sont en peu de temps couvertes d'une croûte épaisse. Ce lac n'a pas de profondeur, c'est plutôt un vaste marais salant ; une chaussée le traverse. Dans le sud de la province, on trouve de vastes steppes habitées seulement par des nomades. L'orient de la Galatie offre un pays admirable comme nature et comme végétation ; on chercherait en vain, dans le reste de la contrée, des sites comparables aux bords de l'Halys, tantôt sauvages et sombres, tantôt fertiles et gracieux. Les forêts de chênes y sont nombreuses et étendues, le grain donne de magnifiques produits.

Les Turcs, en s'emparant de la Galatie, se trouvèrent en contact avec un peuple dont l'origine et la civilisation étaient tout européennes ; Gaulois, Grecs et Romains ne formaient plus qu'une seule famille. Autant la politique des conquérants occidentaux avait été favorable aux véritables intérêts des peuples, autant la politique des Turcs fut fausse et désastreuse. Ces hordes nomades et sans idée de gouvernement, qui n'avaient apporté en Asie mineure que leur sabre et leur tente, qui empruntaient, à mesure qu'elles avançaient, aux Arabes leur religion, aux Perses leurs satrapies, aux Grecs leurs bains, aux chrétiens même leurs ablutions, renouvelèrent les désastres que l'Asie mineure avait soufferts lors de la première invasion des Perses. Loin de songer à imiter les Romains, qui comprenaient que la richesse des vaincus est la véritable mesure de la richesse des vainqueurs, ils procédèrent par le pillage, la tyrannie et les massacres. Tout sujet non musulman fut soumis à la capitation, et cette marque de servitude imprimée sur les peuples conquis, fut un obstacle infranchissable qui sépara à tout jamais les vaincus des vainqueurs. Après cinq siècles de possession, les Turcs sont aussi étrangers aux anciens maîtres de la contrée, que le jour où le sabre du sultan Mourad conquit la ville d'Ancyre.

Malgré tous ses malheurs, la ville moderne d'Angora est une des plus peuplée de l'Asie mineure. Elle doit la prospérité relative dont elle n'a cessé de jouir à son heureuse situation, à un climat admirablement sain, à un sol fertile, et surtout à ses innombrables troupeaux de chèvres, dont la toison, d'une beauté unique, suffirait pour enrichir une population double de celle de la province.

Le beau tissu connu sous le nom de *chaly* se fabriquait de temps immémorial dans le district d'Angora, dans le pays situé entre le fleuve Halys et le Sangarius. Autrefois, le commerce d'Angora exportait vingt-cinq mille pièces de chaly ; aujourd'hui, il en fabrique cinq mille, qui ont de la peine à se vendre. Cependant le chaly d'Angora a cet avantage sur celui d'Europe, qu'il est entièrement tissu de laine, tandis que les chaly d'Occident contiennent moitié soie. Les chèvres qui donnent ces beaux produits sont de petite taille ; elles sont généralement blanches, portent des cornes légèrement recourbées en arrière ; leurs toisons ont un éclat qu'on ne saurait comparer qu'à la plus belle soie. Les habitants regardent comme un fait démontré que leur exportation est tout-à-fait impossible, et que les troupeaux qui sont transportés à l'orient de l'Halys ou au couchant du Sangarius finissent par dégénérer, et leurs toisons par devenir aussi grossières que celles des autres chèvres. On pense non sans raison que la beauté des toisons des brebis et des chèvres de ces contrées tient à la quantité notable de sel qui entre dans leurs aliments : c'est au printemps seulement, lorsque les prairies sont vertes, que les bergers, suppriment complètement l'usage du sel ; mais, pendant tout le reste de l'année, on en distribue aux troupeaux autant qu'ils peuvent en manger.

Jamais l'industrie du pays n'a songé à établir une manufacture en grand pour tisser les chaly d'Angora. La filature du poil de chèvre se fait à la quenouille, et toutes les femmes, depuis les belles *kadines* qui vivent constamment à l'ombre du harem, jusqu'aux bergères dont la vie rustique est inséparable de leurs troupeaux, toutes les femmes filent le chaly, dans les maisons, dans les rues, pendant les visites. Malgré la lenteur de la filature au fuseau, comme le travail ne cesse jamais pendant la journée, les résultats ne laissent pas d'être notables.

Entourée de ruisseaux qui fourniraient les plus belles chutes d'eau, la ville d'Angora serait dans la meilleure position pour établir des fabriques ; on pourrait faire de ce pays le centre du commerce des lainages de toutes les contrées voisines. C'est toujours en effet par ce genre de produits que l'Asie mineure a été célèbre. Les anciens vantaient les tissus de laine et les tentures de Hierapolis et de Laodicée ; la fabrication des tapis est toujours assez prospère, même avec ses moyens bornés. La laine des brebis donne des produits qu'on utiliserait de cent manières ; nulle autre contrée n'est aussi riche en troupeaux et en pâturages. Si l'Asie a pu suffire à tant d'exactions, payer tant de tributs et subsister encore après le pillage incessant des préteurs romains, des gouverneurs byzantins et des agas turcs, c'est qu'elle demandait à l'agriculture tout ce qu'elle pouvait donner, et ce fonds ne lui manque pas encore aujourd'hui, quoique la spoliation n'ait pas discontinué, et que les pachas soient les fidèles imitateurs des proconsuls.

Il y a environ un siècle, la fabrication fournissait non-seulement à la consommation intérieure, mais à l'exportation en Occident et en Perse. Des caravanes partant à époques fixes se rendaient par l'Arménie dans l'Abderbidjan et allaient jusqu'à Samarcand. D'autres caravanes allaient de Kutayah à Brousse, à Smyrne et à Constantinople. La compagnie française du Levant avait un comptoir à Angora ; plusieurs maisons hollandaises et anglaises avaient également des correspondances dans cette ville. Néanmoins, l'exportation du poil de chèvre brut était complètement défendue. Le chaly filé était frappé d'un droit très fort, le chaly ouvré s'exportait moyennant des droits assez raisonnables. On payait quatre piastres par charge de chameau. Maintenant il n'y a pas une seule maison européenne à Angora ; les poils de chèvre sortent pour être manufacturés en Europe, et le chaly ou camelot qui servait pour faire les cafetans, les voiles d'été pour les femmes (*ferétge*) ne se fabrique plus au dixième de ce qui se produisait. La Perse n'en consomme plus ; les Anglais et les Russes ont eu l'adresse de s'ouvrir dans ce pays des débouchés qui ne redoutent pas la concurrence. Comment en effet des étoffes fabriquées par le moyen de machine à vapeur pourraient-elles craindre des tissus dont la fabrication n'a pas fait de progrès depuis Nausicaa ou Pénélope ? Les pachas ont du reste parfaitement favorisé l'industrie anglaise par les droits exorbitants dont ils ont frappé l'industrie nationale. Pour donner une idée de la folie de cette administration, il suffit de rappeler que les

Francs, en vertu d'un article des capitulations impériales, ne doivent payer en Turquie que 3 p. 100 du prix de facture, tandis que les négociants nationaux, par les droits de douane, de timbre, de transit d'octroi, etc., paient jusqu'à 10 p. 100. Bien heureux encore quand le pacha n'exige pas en *bakchich* (présent) une pièce l'étoffe à sa convenance. Du reste, il faut dire, pour être juste, que les gouverneurs, dans les affaires commerciales, ne font pas de différence entre un musulman et un raya. L'un et l'autre paient également deux ou trois fois plus de droits que les décrets impériaux ne le comportent.

Voilà la véritable cause de la décadence épouvantable qui engloutit l'empire ottoman. Aucun établissement industriel ne pourrait se former sans être aussitôt grevé de toutes les charges qu'il plairait à un gouverneur avide de lui imposer. Aussi, dans toute l'Asie mineure, il n'y a pas une papeterie, pas une grande manufacture de soie ; on n'y fait point de drap, on n'y tanne point de cuirs ; tout cela est demandé au commerce extérieur, et les Francs ne trafiquent qu'en tremblant avec un pays qui végète au bord de l'abîme. Toutes les matières premières exportées pour être rapportées manufacturées, voilà l'état normal de la ; Turquie. L'industrie est dans le dernier état de marasme, non pas qu'elle fût jamais très brillante en Asie mineure la rapacité des pachas empêcha toujours les grands établissements de se former ; mais quelques villes, comme Alep et Brousse, concurremment avec Ancyre, fournissaient des étoffes de luxe ; Césarée fabriquait des cotonnades, et Malathia avait quelques familles qui se livraient à l'industrie de la teinture. Tout cela est complètement anéanti. Un peu de maroquin, des tuyaux de pipes, quelques tapis, voilà toute l'industrie de l'Asie mineure. En matières premières, le pays est riche, et fournirait, s'il était bien administré, à une consommation intérieure et à une exportation considérables. L'agriculture prodigue des trésors qui, en d'autres mains, seraient incalculables, la soie, le coton, le riz, l'huile, des troupeaux nombreux. Ah ! que nos vieux Gaulois avaient admirablement choisi la contrée où ils ont été s'établir ! Des plaines étendues, de belles eaux, et une mine inépuisable de sel, ne sont-ce pas des éléments suffisants pour porter l'agriculture d'un pays au plus haut degré de prospérité ?

Le monopole, qui depuis quelques années s'étend comme un fléau sur toutes les branches de l'agriculture, menace de ruiner complètement le commerce d'Angora. Depuis que la culture du pavot à opium a été mise en régie, la production de cette denrée a décru d'une manière extraordinaire. Les nazirs chargés de la vente des farines sont souvent accusés de faire naître des hausses factices ; toutefois, ce qui pèse surtout aux chrétiens, c'est un abus si face à établir, que presque tous les pachas et les gouverneurs s'en rendent coupables sans que la surveillance du gouvernement central puisse y mettre un terme.

Le karatch, ou la capitation des rayas, est fixé au moyen de tables qui sont dressées tous les dix ans, d'après un recensement fait par les ordres de la Porte ; mais ces tables ne sont jamais exactes, et la population raya est toujours présentée comme plus nombreuse qu'elle n'est réellement. Il s'ensuit que les rayas paient généralement une capitation beaucoup plus forte que celle à laquelle ils sont assujettis par la loi.

Il y a quelques années, le gouvernement de la Porte avait voulu modifier l'administration supérieure de l'Asie mineure, pour effacer la dernière trace de cette puissance des *déré-bey*, dont le sultan Mahmoud a poursuivi l'anéantissement pendant trente ans de sa vie ; le nombre et la circonscription des sandjack étaient complètement changés ; on formait des *mouchirats* divisions de territoire, ayant à leur tête un mouchir dont le pouvoir était plus militaire que civil. Mais les intrigues des pachas ont fait échouer ce projet, au moyen duquel il était trop facile de voir clair dans l'administration financière. Des nazirs auraient été placés sous les ordres des mouchirs, et, assités d'un conseil des anciens, auraient présidé à la perception des impôts. Cette réforme radicale ne pourra jamais avoir lieu tant que les grandes charges seront vénales. Un pacha, pour acheter sa charge, est presque toujours obligé d'avoir recours à la bourse des sarafs, banquiers arméniens, qui commencent par prélever un bénéfice net sur la somme dont le pacha se reconnaît débiteur ; ils reçoivent en outre un intérêt de douze ou quinze pour cent. Tout ceci ne peut être payé que par le moyen des exactions. Il faut ajouter que le gouvernement de la Porte, tout en défendant les rapines, met souvent à la charge des pachas des frais de travaux, d'équipement de troupes, ou de nourriture d'armées, qui empêcheraient d'être honnête l'administrateur qui aurait les meilleures intentions. Cela vient de ce que, dans ce pays, où les habitudes ont tant de peine à s'établir et à s'en aller, il reste encore une espèce de souvenir du temps où l'Asie mineure était entre les mains de riches *timariots* ou princes féodaux, propriétaires de provinces par droit de conquête et par donation des anciens sultans. Ils payaient comme redevance un certain nombre de bourses, et envoyaient à la Porte le nombre d'hommes d'armes réglé d'après l'étendue de leur *ziamet*. Aujourd'hui, c'est seulement dans les montagnes du Kurdistan et dans quelques défilés du Taurus que l'on retrouve de ces princes nommés *dérébey*, ou beys des vallées. Le sultan Mahmoud a facilement soumis ceux qui gouvernaient les provinces voisines de Constantinople, et les descendants de Kara-Osman-Oglou, qui du temps de M. de Choiseul avaient encore tout l'entourage de princes souverains, ne sont plus aujourd'hui que de simples gouverneurs qui reçoivent chaque année, le jour du baïram, le renouvellement de leur firman d'investiture.

Le sultan Mamoud, en détruisant les déréhey dans la Turquie d'Asie, préméditait depuis longtemps l'anéantissement des janissaires, dont les grands *timariotss étaient les plus fermes soutiens ; son but était de donner plus d'unité à son gouvernement pour accomplir ces réformes qui ont fait la pensée de sa vie. Il demandait à l'Europe des lumières et des conseils ; mais ses bonnes intentions étaient paralysées par les intrigues étrangères et par la force d'inertie du divan. Vainement le sultan accueillait-il avec distinction les hommes qui lui apportaient quelque plan d'amélioration ; les meilleurs projets étaient abandonnés au milieu de leur exécution ; peu à peu la pensée de Mahmoud se trouvait détournée des affaires qu'il paraissait avoir le plus à cœur, et du moment où l'œil vigilant du sultan n'était plus là pour soutenir le travail et l'activité, il n'était pas d'entreprise si utile qui résistât à un pareil abandon. C'est ainsi qu'on vit en peu d'année des écoles militaires, des écoles de chirurgie, des systèmes d'organisation administrative, des projets de défense, accueillis avec enthousiasme et abandonnés avec une incurie aveugle.*

On a parlé à satiété de la régénération de L'empire ottoman, on a abordé bien des sujets, excepté le plus important de tous. Si les puissances européennes eussent voulu sincèrement le développement d'un ordre de choses plus stable et plus régulier en Turquie, elles n'avaient qu'un mot à dire, et ce mot, elles ne l'ont jamais dit. La dépopulation qui augmente chaque année d'une manière notable est une des principales plaies qui affligent la Turquie. En appelant en Orient la colonisation européenne, la population se retremperait dans une sève nouvelle, et reprendrait des habitudes de travail et d'industrie, seule voie de salut qui lui soit ouverte. L'Europe elle-même, en ouvrant un débouché certain à sa population exubérante, profiterait d'un tel état de choses. Il est déplorable de voir des centaines de familles quitter les pays allemands pour aller chercher des établissements aux terres australes, où elles ne trouvent que la misère et les maladies, tandis que si près de l'Europe il existe d'immenses pays, d'admirables terres incultes et désertes, qui pourraient nourrir plusieurs millions d'hommes ; tant de villes dont on pourrait relever les murailles, tant de ports abandonnés d'où partaient jadis des flottes qui portaient jusqu'en Italie les grains, le vin et les fruits de l'Asie. Pourquoi donc, dans un temps où une moitié de l'Europe est à charge à l'autre, où le malaise général qui se manifeste dans tant de pays vient uniquement de ce qu'il y a trop de gens qui ne possèdent pas, pourquoi donc n'ouvre-t-on pas des débouchés à cette population qui souffre et qui murmure ? L'Allemagne, l'Irlande, la Suisse, contribueraient à rajeunir cette contrée ; de Smyrne à l'Euphrate, que de terres à occuper, à fertiliser, sans nuire aux droits acquis des habitants actuels. Mais par suite d'une législation égoïste et mauvaise, conséquence naturelle de l'antipathie qui existait entre les

Turcs et les chrétiens, les Européens ne peuvent pas posséder dans l'intérieur du pays. Ceux qui ont acquis des biens-fonds aux environs des grandes villes les ont placés sous le prête-nom d'un raya. L'article des capitulations relatif à la propriété foncière laisse trop à désirer pour que les puissances européennes ne songent pas à le faire réviser prochainement. C'est de ce jour que commencera une ère nouvelle pour la Turquie. Comment dans les temps anciens l'Asie mineure est-elle parvenue à un si beau développement de richesses (car il faut toujours revenir à l'antiquité quand on veut voir de grandes choses accomplies par des moyens simples) ? C'est par la colonisation européenne. Les premiers Grecs, en arrivant dans ces contrées, trouvèrent des peuples aussi peu civilisés que le sont les Asiatique de notre temps, et en peu d'années l'aspect du pays avait complètement changé. Ne serait-il pas possible de faire ce que les anciens ont fait ? Ne pourrait-on ouvrir sous la protection des puissances européennes des débouchés pour la population qui voudrait s'expatrier ? Cette pacifique intervention vaudrait bien les canonnades de Saint-Jean-d'Acre et profiterait au moins à l'humanité.

Jamais les gouvernements d'Europe ne se sont occupés de la question de propriété pour les étrangers en Turquie. Il faudrait que, par un acte additionnel aux capitulations, les étrangers fussent admis à posséder aux mêmes titres que les musulmans, afin que le négociant chrétien pût venir avec sécurité former des établissements stables, et qu'il n'en fût pas réduit à une industrie foraine qui ravale les Européens aux yeux des Turcs. Le jour où le bon sens du gouvernement turc, guidé par de sages conseils, aura voulu que la propriété soit une chose sainte et respectée, alors les Européens porteront dans ces beaux pays leur industrie et leur expérience ; les rayas, qui ne demandent qu'à s'instruire, se formeront bientôt à une école de manufacturiers qui puiseraient à pleines mains la richesse dans cet Orient aujourd'hui si désolé.

Depuis que les puissances de l'Europe se mêlent plus directement des affaires de la Turquie, elles n'en sont arrivées qu'à la rendre plus malheureuse qu'elle n'était dans ce qu'on appelait son état de barbarie ; elles ont donné à ce peuple, que sa religion et sa politique à l'égard des rayas ont toujours poussé dans une fausse voie, mais qui ne manque pas de bon sens, le spectacle le plus déplorable de luttes sans portée et de basses jalousies ; elles ont ajouté au désordres naturels d'une administration ignorante les désordres extérieurs, l'intrigue et la corruption fomentées par les étrangers.

La France a fait de vains efforts pour arrêter le mal, la plaie est devenue presque incurable aujourd'hui. il y a un fait majeur consacré par le traité du 13 juillet ; ce n'est pas seulement la clôture du Bosphore reconnue par l'Europe ; en réalité, la Turquie se trouve par le fait seul de ce traité placée sous la tutelle des puissances signataires.

Quand l'empire ottoman jouissait encore de la plénitude de sa force, il n'avait pas besoin du consentement des nations étrangères pour exercer son litre arbitre ; il ouvrait ou fermait ses détroits selon des circonstances dont il était le seul juge. Aujourd'hui il doit rendre compte à l'Europe entière des actes les plus importants de sa politique. Mais puisque l'intégrité des états du sultan est garantie par ce même traité, il serait dans l'intérêt de la paix générale, dans l'intérêt de la Porte et dans celui du commerce européen, de rendre un peu de vie aux ressorts de cette société. L'intervention protectrice de l'Europe, si ce mot peut être employé dans les circonstances présentes, ne s'est jamais manifestée que par des actes négatifs. Suspendre les hostilités, arrêter Méhémet-Ali, fermer les détroits aux navires de guerre, sont des mesures qui seraient peut-être utiles à la Porte, si on pouvait en même temps lui communiquer un peu de cette activité occidentale, dont elle a à peine l'idée, d'une part en établissant des rapports plus fréquents et plus faciles entre les Européens et les Orientaux, d'autre part en améliorant la condition des rayas.

Cette idée d'élever les rayas au même rang que les Turcs, d'abolir les distinctions outrageantes et d'en faire, en un mot, des sujets jouissant des mêmes privilèges et supportant les mêmes charges que les musulmans, a été longtemps méditée par le sultan Mahmoud. Il avait ordonné un recensement extraordinaire qui s'est effectué dans tout l'empire, et qui a durée plusieurs années. Une des grandes oppositions qu'il rencontrait dans son conseil était l'abolition du karatch, attendu que le paiement de la capitation est ordonné par le Koran pour les sujets qui ne suivent pas la loi de l'islamisme, et les oulémas avaient formé une ligue devant laquelle la volonté du sultan aurait été forcée de fléchir. Néanmoins, pendant son règne, les sujets chrétiens ont éprouvé une amélioration sensible dans leur position ; beaucoup de villes qui n'avaient pas d'églises ont obtenu des firmans pour en faire construire ; tout cela s'accordait encore à prix d'argent, il est vrai, mais c'était un droit qui se créait et qu'un gouverneur fanatique n'aurait pu contester.

La seule ressource assurée que trouvent aujourd'hui les rayas pour se mettre à l'abri des vexations de leurs gouverneurs est de rechercher la protection de quelque puissance européenne : les rayas ont alors recours aux consuls pour défendre leurs intérêts. Ce moyen d'action et d'influence n'a pas été négligé par la Russie et par l'Angleterre, et le nombre des protégés de ces deux nations augmente chaque jour en Asie. On compte même déjà parmi ces protégés un grand nombre de rayas que des rapports de religion et d'anciennes sympathies recommandent naturellement à la protection de la France.

Il est fâcheux que le gouvernement français, au lieu de suivre la marche des autres gouvernements, ait au contraire donné des ordres pour que le nombre des protégés fût restreint autant que possible ; ainsi, les catholiques, qui, de temps immémorial, ont été les protégés naturels de la France, ont eu à supporter récemment des dommages notables de la part des chrétiens des autres communions, qui trouvent un appui près des puissances non catholiques. Ces questions de religion, qui peuvent paraître à quelques-uns caduques et surannées, encore ardentes et vivaces en Orient : c'est la seule nationalité que puissent invoquer des peuples mélangés depuis des siècles, mais qui ne se sont jamais confondus. Dans les villes de l'Asie mineure, on remarque toujours parmi les catholiques plus d'instruction et d'intelligence ; l'éducation est plus européenne, il n'est pas rare de voir des jeunes gens parler l'italien et le français. Chez les Grecs et les Arméniens schismatiques, l'éducation se borne à l'étude de leur langue maternelle, l'arménien littéral ou le grec ; le turc, pour les uns et les autres, est la langue usuelle. C'est donc sur l'élément catholique que la France devrait s'appuyer en suivant l'exemple des autres états, qui, par la protection qu'ils accordent sous différents prétextes aux rayas, ont su acquérir une prépondérance qui pourra leur être utile un jour.

L'état de crise dans lequel languit l'empire ottoman appelle une solution prompte et pacifique. Ce sont les grands de l'état qui ont besoin d'être éclairés. Le sultan Mahmoud savait que là se trouvaient les écueils qu'il avait à craindre. Quand on a suivi la marche de cette politique profondément astucieuse, mais habile et patiente, on est bien convaincu que l'esprit de réforme ne s'étendait pas seulement chez le sultan à quelques changements dans les usages. Il ava t préludé en attaquant la base d'un ordre de choses qui s'opposait à toute amélioration ; mais par une fatalité inconcevable, au moment où il achevait de soumettre en Asie les seules oppositions qui pussent nuire à ses projets (car les beys du Kurdistan ne demandaient qu'à rester dans leurs montagnes), il vit s'élever devant lui le plus formidable adversaire que sa fortune pût rencontrer sur sa route. Les peuples de l'Asie mineure, qui depuis plusieurs années voyaient sans rien y comprendre la guerre civile entre les autorités, accueillirent Méhémet-Ali comme un nouveau problème qu'ils ne se chargèrent pas de résoudre. Après la bataille de Konieh, les troupes de Méhémet-Ali entrèrent à Angora et à Kutayah sans coup férir ; mais Ibrahim manqua à sa fortune le jour où il fit halte dans cette ville : il fallait qu'il vînt occuper les hauteurs de Brousse, qu'il fortifiât le passage d'Ac-Seraï. A cette époque, le secret de sa faiblesse n'était pas connu ; les Russes n'auraient pas osé l'attaquer ; les flottes réunies de France et d'Angleterre se tenaient prête aux Dardanelles, et le premier mouvement des Russes aurait été le signal d'une collision que tous les gouvernements étaient d'accord pour éviter. Un pas de plus ; et la question était résolue en 1833. La Turquie et l'Égypte ne seraient pas restées dans un *statu quo* mortel qui n'a profité à personne. Ce qui arrêta Ibrahim, ce n'est ni l'armée russe, ni une convention de Kutayah qui ne fut jamais signée ; ce qui l'arrêta, c'est qu'il finit par se demander où il allait. Il était arrivé là sans but, et le jour où il ne trouva plus de résistance, il n'eut plus qu'à retourner sur ses pas. Cette indécision a perdu les deux états.

Maintenant, pour améliorer le sort de ces malheureux peuples, il faudrait dans le gouvernement turc probité et intelligence de sa véritable position. Une comédie comme celle de Ghul-hané n'est plus de saison. Tant que les gouverneurs se montreront comme des forbans qui ne passent dans une province que pour pressurer les habitants, la révolte couvera toujours sous l'oppression, et les habitants commencent à comprendre qu'un gouvernement européen, quelque mauvais qu'il soit, est toujours préférable à un état d'anarchie et de pillage. La question de propriété ne saurait être trop tôt abordée par les puissances protectrices, de concert avec le divan. En appelant en Asie mineure l'industrie étrangère, en ouvrant à l'agriculture des moyens de prospérité et des capitaux dont elle manque, on changerait en peu d'années tout l'aspect du pays. Les habitants sont d'un commerce facile, d'un caractère doux, et ne manquent pas d'intelligence ; c'est dans les chefs de la nation que l'on trouve cette avidité funeste aux meilleures causes. La réforme de la vénalité des charges, question difficile et qui exige dans le gouvernement turc tout le courage de la probité, telle serait, avec l'organisation de la propriété, la base sur laquelle on devrait asseoir le nouvel état de choses, sans quoi la Turquie n'a que deux chances ouvertes devant elle : ou une dissolution intérieure déjà imminente, ou un partage qui n'est suspendu que par les rivalités des puissances européennes.

www.ingramcontent.com/pod-product-compliance
Lightning Source LLC
Chambersburg PA
CBHW061452040426
42450CB00007B/1331